福爾摩莎詩選 2020-2021 淡水

ANTHOLOGY OF FORMOSA POETRY TAMSUI 2020-2021

李魁賢 編

Edited by Lee Kuei-shien

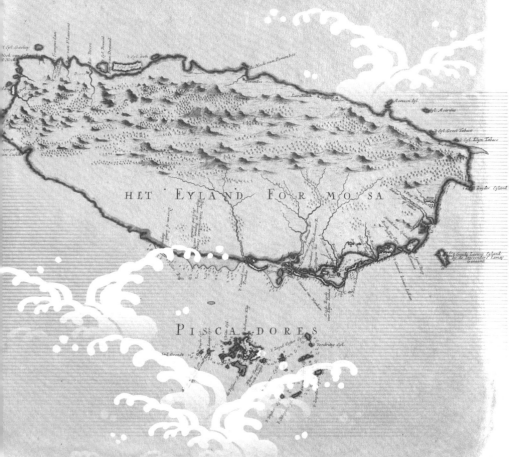

詩文社區 詩文捷運 詩文城市

淡水文化基金會董事長 許慧明

　　從2020年到2021年全世界受到COVID-19病毒大流行侵襲，死傷無數。台灣雖在2020年安然度過，卻也在2021年5月遭遇社區感染，升級警戒，所幸疫情不久就控制下來，逐漸清零，被國際媒體譽為又一台灣奇蹟。疫情稍歇，讓我們慶幸得以順利在9月如期舉行2021淡水福爾摩莎國際詩歌節。

　　淡水文化基金會今年已是連續第六年舉辦淡水福爾摩莎國際詩歌節，六年來，我們每年詩歌節都會帶國內外詩人到忠寮舉辦詩會，其緣由主要有二：一是忠寮本是詩人李魁賢的家鄉，我們立意要讓國內外詩人實地探訪忠寮，認識這孕育世界級詩人的所在；另一是我們希望詩歌節在地化，融入成為忠寮農村再生與社區營造的文化內涵，期待詩的文化生命能在忠寮普遍生根發展，讓忠寮成為「詩文社區」。

　　很感謝，2021淡水福爾摩莎國際詩歌節能夠獲得忠寮社區發展協會和忠寮鄉親的支持共同主辦，9月19日我們選在淡水忠寮社區的口湖子植物生態園區戶外開放空間，舉行2021淡水福爾摩莎國際詩歌節開幕式，忠寮鄉親用他們如詩般的熱情歌唱，迎接從台灣南北專程而來赴會的詩人朋友，而與會的詩人朋友也像回到自己的家鄉般以詩親切擁抱忠寮鄉親，大家在彷彿如世外桃源的忠寮進行今年詩歌節唯一舉辦的一場詩會。

　　這場詩會驚喜不斷，令人難忘！原來忠寮鄉親有備而來，他們一起在場參加詩會，老老少少輪番上場朗詩獻藝，與來自台灣南北的詩人朋友相互交流，那一個當下，每一個人的熱情都被點燃，每一個人都跟著陶醉在現場洋溢的詩情之中。那一個當下，每一個人都已變成詩人，忠寮無異已成

「詩文社區」。

　　延續這樣的感動，我們邀請忠寮社區發展協會成爲淡水福爾摩莎國際詩歌節的永久共同主辦單位，獲得忠寮社區發展協會的慨然應允。忠寮社區發展協會李鎮榮理事長更公開宣示，要號召社區夥伴一起來推展「忠寮詩路」，讓忠寮朝邁向「詩文社區」理想又跨出一大步！

　　在推展「詩文社區」的同時，我們也在推展「詩文捷運」。淡水文化基金會已連續五年與捷運公司合作，舉辦淡水福爾摩莎國際詩歌節「淡水捷運詩展」，利用捷運淡水站的出口中庭、廊道牆面、東西川堂的柱面與巴士轉接站空間，展出國內外詩人的詩作，展覽期間都安排長達一個月以上。今年淡水福爾摩莎國際詩歌節「淡水捷運詩展」展期則從9月18日展到10月31日。「淡水捷運詩展」讓捷運淡水站變身成爲藝術文化殿堂，可以讓進出旅客駐足欣賞福爾摩莎國際詩歌節參展詩人的淡水詩情，「淡水捷運詩展」也讓捷運淡水站形同淡水詩文城市的入口與櫥窗，傳遞淡水推展國際詩文交流的文化意象。

　　我要特別感謝詩人李魁賢！他連續第六年擔任淡水福爾摩莎國際詩歌節的總策劃與總編譯，是詩歌節的最大功勞者。六年來，他幾乎全年無休地爲詩歌節忙碌，像一座照耀光明的燈塔，引領國內外詩人到淡水來參加淡水福爾摩莎國際詩歌節，鼓勵詩人爲淡水寫詩，進而蒐集整理詩人的詩作先後已編譯完成10本詩集出版。現在，第11本詩集《福爾摩莎詩選2020-2021淡水》又將出版，我們要向李魁賢老師表達無上的崇敬與感謝，也深感與有榮焉，故樂爲之序。

許慧明

/3/

石牆（老故事充序）

李魁賢

在青綠的月光下
踩著醺然的風
像踩著落葉一般的
民防隊員接踵走過

頹圮的石牆下
種植著仙人掌科
以河石堆砌的圍牆
鼾聲和抽水馬達的音響
一樣清晰可聞
對著以耕稼交談的民防隊員
石牆是一頁斑黃了的手卷

百年前構築的石牆
還留下唯一銃口
張開黝黑的歷史的眼睛
凝視著點燃煤油燈守夜的日子
除了供奉的戰旗和戟外
那嘶喊
就和乾旱時設壇求雨的咒語
同樣化成醺然的落葉
投入池塘裡的一聲微響

讀過詩經
被里民恭稱老菊伯的祖父
當過十九年頭的保正後

就只有水煙斗是唯一的知己
每當提起石牆外的濠溝
掉落過多少不識水性的蔣幹
就怡然撫摸
笑彎了腰的小毛頭腦袋
老菊伯出殯時
沿路滿是草鞋的印痕
路祭擺到墓地的山麓下

然後是在農會任職半生
退休的興伯仔
泥土對他已是一種母親的呼喚
把破損玩具的稻田作業
當做棋子下著
每到星期日的下午
就盼望著
工程師的兒女們　攜帶
又似陌生的第三代的安慰
回到大埤頭來
那時　傾圮的石牆內
便又飄浮著陽光的笑聲
粗糙的河石
又有畏怯的小手去摩挲

石牆是一頁斑黃了的手卷
巡更的民防隊員
踩著醺然的風
就像踩著落葉一般
在青綠的月光下

1966.11.15

李魁賢

/5/

目　次

許慧明
詩文社區　詩文捷運　詩文城市 ……………………2

李魁賢
石牆 ……………………………………………4

第一部 **2020**年

王亞茹 的詩
愛護淡水河 ……………………………………14

利玉芳 的詩
這城 ……………………………………………15
雨中的午餐 ……………………………………15
夜宿忠寮 ………………………………………16
有三 ……………………………………………17
石頭 ……………………………………………17

李昌憲 的詩
葡萄 ……………………………………………19
我們在海邊想念 ………………………………20
綠電能社區 ……………………………………21
忠寮 ……………………………………………21
茄苳老樹 ………………………………………22
富貴角燈塔 ……………………………………23
淡水紅毛城 ……………………………………23
被波浪凝固的詩篇 ……………………………24
大自然的抽象畫 ………………………………25
南雅奇岩 ………………………………………26

李魁賢 的詩

淡水音樂會 ………………………………………27

基隆登高 ………………………………………27

杜東璊 的詩

記憶的拼圖(五) ………………………………29

記憶的拼圖(六) ………………………………30

流星雨 ………………………………………31

光就亮在北斗七星的杓柄上 ……………………32

林盛彬 的詩

淡水夜語 ………………………………………34

林鷺 的詩

淡江詩曲 ………………………………………40

溫情淡水忠寮 …………………………………40

神祕海岸 ………………………………………42

枯枝畫筆 ………………………………………42

張台瓊 的詩

山城新語 ………………………………………44

水母 …………………………………………45

莊紫蓉 的詩

雨中淡江 ………………………………………47

祕境 …………………………………………48

窄門 …………………………………………48

陳秀珍 的詩

視訊會讀詩 ……………………………………49

疫情中的詩歌節 ………………………………49

藏詩殼牌倉庫⋯⋯⋯⋯⋯⋯⋯⋯⋯⋯⋯50
詩念⋯⋯⋯⋯⋯⋯⋯⋯⋯⋯⋯⋯⋯⋯⋯51
基隆仙洞巖⋯⋯⋯⋯⋯⋯⋯⋯⋯⋯⋯52
仙洞巖一線天⋯⋯⋯⋯⋯⋯⋯⋯⋯53
基隆秋雨⋯⋯⋯⋯⋯⋯⋯⋯⋯⋯⋯⋯54
祕境⋯⋯⋯⋯⋯⋯⋯⋯⋯⋯⋯⋯⋯⋯⋯55
南雅奇岩⋯⋯⋯⋯⋯⋯⋯⋯⋯⋯⋯⋯55
雨港⋯⋯⋯⋯⋯⋯⋯⋯⋯⋯⋯⋯⋯⋯⋯56

陳明克 的詩

珊瑚藤花 —於忠寮⋯⋯⋯⋯⋯⋯58
秋櫻 —於天元宮⋯⋯⋯⋯⋯⋯⋯58
殼牌倉庫⋯⋯⋯⋯⋯⋯⋯⋯⋯⋯⋯⋯59
海是什麼⋯⋯⋯⋯⋯⋯⋯⋯⋯⋯⋯⋯60
孤島⋯⋯⋯⋯⋯⋯⋯⋯⋯⋯⋯⋯⋯⋯⋯61
海⋯⋯⋯⋯⋯⋯⋯⋯⋯⋯⋯⋯⋯⋯⋯⋯61
神殿蠟燭⋯⋯⋯⋯⋯⋯⋯⋯⋯⋯⋯⋯62
海邊的野花⋯⋯⋯⋯⋯⋯⋯⋯⋯⋯63
囚室⋯⋯⋯⋯⋯⋯⋯⋯⋯⋯⋯⋯⋯⋯⋯63
十三層遺址⋯⋯⋯⋯⋯⋯⋯⋯⋯⋯64

楊淇竹 的詩

仙洞巖⋯⋯⋯⋯⋯⋯⋯⋯⋯⋯⋯⋯⋯66
金山祕境海灘⋯⋯⋯⋯⋯⋯⋯⋯⋯66
漫步海科館⋯⋯⋯⋯⋯⋯⋯⋯⋯⋯67

蔡榮勇 的詩

視訊⋯⋯⋯⋯⋯⋯⋯⋯⋯⋯⋯⋯⋯⋯⋯69
鯨鯊⋯⋯⋯⋯⋯⋯⋯⋯⋯⋯⋯⋯⋯⋯⋯69

戴錦綢 的詩

淡水河邊絮語⋯⋯⋯⋯⋯⋯⋯⋯⋯71
忠寮曉霧⋯⋯⋯⋯⋯⋯⋯⋯⋯⋯⋯⋯71
海與石的愛戀⋯⋯⋯⋯⋯⋯⋯⋯⋯72

窺視⋯⋯⋯⋯⋯⋯⋯⋯⋯⋯⋯⋯⋯⋯⋯73

漁港⋯⋯⋯⋯⋯⋯⋯⋯⋯⋯⋯⋯⋯⋯⋯73

謝碧修 的詩

期待的季節⋯⋯⋯⋯⋯⋯⋯⋯⋯⋯⋯75

羅得彰 的詩

櫻花⋯⋯⋯⋯⋯⋯⋯⋯⋯⋯⋯⋯⋯⋯77

揭⋯⋯⋯⋯⋯⋯⋯⋯⋯⋯⋯⋯⋯⋯⋯77

第二部 **2021**年

方耀乾 的詩

淡水的彩霞（華語）⋯⋯⋯⋯⋯⋯⋯80

淡水的彩霞（台語）⋯⋯⋯⋯⋯⋯⋯81

詩人搗麻糬（華語）⋯⋯⋯⋯⋯⋯⋯82

詩人舂麻糬（台語）⋯⋯⋯⋯⋯⋯⋯82

詩人在忠寮口湖子橋植物園（華語）⋯⋯⋯83

詩人在忠寮口湖子橋植物園（台語）⋯⋯⋯83

詩的跫音（華語）⋯⋯⋯⋯⋯⋯⋯⋯84

詩的跤步聲（台語）⋯⋯⋯⋯⋯⋯⋯84

淡水福爾摩莎國際詩歌節（華語）⋯⋯⋯84

淡水福爾摩莎國際詩歌節（台語）⋯⋯⋯85

王亞茹 的詩

忠寮阿嬤⋯⋯⋯⋯⋯⋯⋯⋯⋯⋯⋯86

利玉芳 的詩

淡水念舊⋯⋯⋯⋯⋯⋯⋯⋯⋯⋯⋯87

李昌憲 的詩

一壺春茶喜相逢⋯⋯⋯⋯⋯⋯⋯⋯89

一首詩⋯⋯⋯⋯⋯⋯⋯⋯⋯⋯⋯⋯89

閱讀詩心⋯⋯⋯⋯⋯⋯⋯⋯⋯⋯⋯90

詩人 ……………………………………………………………91
《淡水五年詩選》……………………………………………92
夢回淡水 ………………………………………………………93
因爲疫情的緣故…………………………………………………94
想念的種子 ……………………………………………………94

李魁賢 的詩

淡水文化園區 …………………………………………………96
鼠麴粿 …………………………………………………………97
數念忠寮 ………………………………………………………97

林鷺 的詩

淡水海色 ………………………………………………………98
滬尾夜色 ………………………………………………………98
一滴水紀念館……………………………………………………99
漁人碼頭 ………………………………………………………99
淡水忠寮鄉親……………………………………………………100

張台瓊 的詩

沙崙樂章 ………………………………………………………102
大屯峰頂 ………………………………………………………103

莊紫蓉 的詩

這一天,詩人在忠寮 …………………………………………105
淡水落日 ………………………………………………………105
淡水月夜 ………………………………………………………106

陳秀珍 的詩

詩香 —2021淡水福爾摩莎國際詩歌節忠寮開幕………………107
捷運站詩展………………………………………………………108
詩人群像 —淡水捷運站詩展…………………………………108
詩人原鄉 —石牆仔內懷念國外詩人…………………………109
不在場的詩 —懷念缺席的外國詩人…………………………110
詩旗………………………………………………………………111
詩與桃花 —忠寮口湖子生態園區……………………………112

秋詩 —忠寮口湖子水岸 ································ 113

詩歌節日做粿 ································ 114

詩人村 —在忠寮 ································ 115

陳明克 的詩

百年長廊 ································ 117

淡水落日 ································ 117

日落何處 ································ 118

百年磚牆 ································ 120

石牆仔內老厝 ································ 120

詩歌節的那顆心 ································ 121

淡水燈塔 ································ 122

誰輕輕唸詩 ································ 123

美好的一刻 ································ 125

楊淇竹 的詩

聽，忠寮音樂 ································ 126

獨角仙 ································ 127

楓樹湖 ································ 128

捷運淡水詩 ································ 128

蔡榮勇 的詩

漁人碼頭 ································ 131

觀音山 ································ 131

夕陽 ································ 131

日日春 ································ 131

石牆仔 ································ 132

石牆仔內老厝 ································ 132

忠寮社區 ································ 133

夕陽 ································ 133

鼠麴粿 ································ 134

戴錦綢 的詩

觀音睡了 ································ 135

漫舞淡水河 ……………………………………………… 135

漁人碼頭落日 …………………………………………… 136

鼠麴粿的回憶 …………………………………………… 137

謝碧修 的詩

詩的草仔粿 —佇石牆仔內古厝DIY ………………… 138

咱作伙種落的茶樹 ……………………………………… 138

雙抱樹 …………………………………………………… 139

淡水散步 ………………………………………………… 140

羅得彰 的詩

淡秋・水 ………………………………………………… 142

兩地 ……………………………………………………… 143

秋老虎 …………………………………………………… 143

李魁賢

編後記 …………………………………………………… 145

第一部 2020年

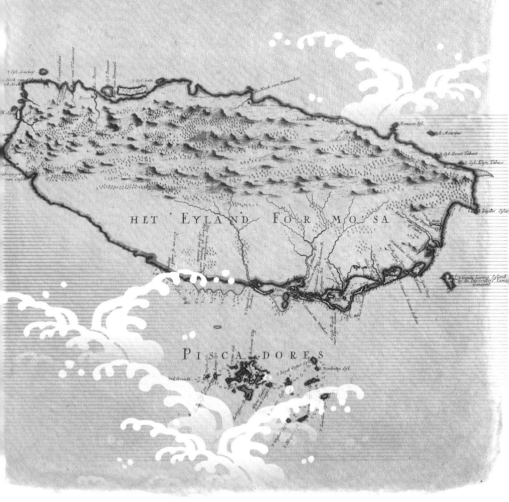

王亞茹的詩

愛護淡水河

私人遊艇、渡輪
行駛淡水河上慶祝Party
親愛的遊客們
謝謝你們來遊賞我
請不要亂丟垃圾　亂吐口水哦
我是完美無瑕的河流
要做好防洪防污

利玉芳的詩

這城

地球防疫中
國外詩人缺席了
感謝這城
淡水詩歌節掛著口罩進行
美好的女高音
讚頌這城
寂寞的名人

喜愛淡水的繁華和寧靜
詩與城相約
神　卸下我的顫抖
騰出城的角落
傾聽我朗誦舊作〈火燒臭油棧〉
番仔油的光
又一次點燃我的貧窮與快樂

雨中的午餐

自助式午餐沒有圓桌的豐富和拘束
長方形桌子卻擺滿忠寮的盛情
產銷班的筊白筍、甘藷、玉米
道地的油飯、肉粽、烤山雞

養生湯和水果乾

山城下著細雨
伴隨著野薑花的微香
篷架垂落串串珊瑚藤小花
含著雨滴的珠簾
好像天公開業的戶外餐廳

夜宿忠寮

幸運的我們
竟然住進新郎新娘的家
去年他們夫妻倆裝扮成新娘新郎
雙雙站在紅色的拱門迎接詩人

還在喜氣之中
今晚
新娘李先生請我們喝甜茶
新郎李太太展現她的廚藝

初見如舊識
忠寮活絡起來
鄰居紛紛造訪我們的民宿

我們像駐村的農耕隊
詢問里民
去年一人一鏟種下的植栽

天光之時

生態公園的茶樹幼苗
一夜間突然長高了

有三

李家養了三隻羊，象徵三陽開泰
其中一隻擁有名字
叫「有三」
主人翁傳授山羊飼養的經驗
卻使我自責至今

當年不應該賣掉兒子的玩伴
尤其教幼兒觀察小羊跪地求乳的生態
之後，把牠們賣掉

幼兒打著赤腳猛追哭喊羊咩咩
摩托車心一軟，鐵籠子停下來
思慮片刻　又催著油門加速離去
兒子在石子路上猛追，淒厲哭喊至今

石頭

這些石頭
像剛出爐的麵包
塗上藍莓、奶油、巧克力

海也能烘焙千層蛋塔
灑幾顆葡萄乾和肉桂粉

石頭上刻畫著年輪
約有千萬年了
像巨大的漂流木
擱淺在海濱的故鄉

一隻雲豹努力地攀岩
緊緊抓住生命樹
深怕跌落懸崖
消失在海岸線

陰陽海過去
土地與海洋交會的地方
東北角沿岸的每一塊石頭
都是島嶼堅硬的肋骨
這裡不必再有威權的雕像

李昌憲的詩

葡萄

要保持社交距離
要自主隔離
葡萄已成熟
你們還是不能來

我們把一串一串
葡萄釀成酒
將充滿太陽的汁液
一桶一桶窖藏

隨時間發酵
在時間裡等待
酒香濃醇時
距離不再受限

葡萄釀成酒
再釀成詩
等國際詩人們
來淡水詩歌節
朗誦
每一首微醺

我們在海邊想念

我們在海邊
想念，國際詩人們
今年不能來淡水詩歌節
海浪湧來，又離去。

我們在海邊
觀看，想念你們
你們在海邊
觀看，想念我們

隔著廣闊的海
隔著南北半球
詩人們都擁有不同的國家
詩人們都被肺炎疫情阻隔

我們正聆聽室內樂團
演奏：台灣四季*
我們生生世世在台灣
也想擁有一個國家

詩人們都承認台灣
一個美麗善良的國家
我們在海邊想念你們
海浪湧來，又離去。

* 台灣四季，早川正昭編曲。

綠電能社區

忠寮的住家屋頂
鋪上太陽能板
開啟綠電能社區

自給自足的電力
未來北台灣的桃花源
讓詩人們心生嚮往

這裡的農民友善栽種
細嫩的筊白筍
清甜多汁的火龍果
台灣好茶與水果相約

素蘭要出嫁原班人馬＊
齊聚我們入住的民宿
整個晚上愛護自然的心
同樂，在綠電能社區

＊ 2018淡水福爾摩莎詩歌節，忠寮社區發展協會曾
演出〈素蘭要出嫁〉歡迎詩人們，同時帶動歡樂氣
氛。

忠寮

忠寮社區步道
許多國際與國內詩人
同時間
一起走過

一起種下桂花樹
一起種下茶樹

詩人的熱血流動
在忠寮社區的土地
在歷史的回聲裡

詩人一步一腳印
今年因肺炎疫情
國際詩人不能來此

相見，忠寮人的熱情
台灣人的善良本性
投射出詩人們的詩心
用各國的語言文字
創作給台灣的詩
譜出給台灣的歌

茄苳老樹

茄苳老樹雄偉挺立
日夜俯瞰忠寮社區
詩人們總是好奇
問：是誰的祖先種的
至今，沒有人舉手

無心的播種者
飛鳥，嘴裡掉落
茄冬種子，發芽成長

鳥類年年來築巢育雛
自成小生態系統

富貴角燈塔

富貴角燈塔是超級電腦
長期記錄北台灣海上風雲
俯瞰船隻來去自如

天人菊隨風舞動
簇擁　說不同語言的詩人
站在富貴角燈塔前廣場
朗誦不同語言的詩

詩人們用母語朗誦
給風聽　給海聽
海鳥歡喜拍動強壯翅膀

詩的力量如永恆的波濤
詩人在時光之海垂釣
愛與和平的詩句
留在富貴角燈塔

淡水紅毛城

數門古砲
依舊對準淡水河
見證歷史場景

對岸觀音山冒著蒸氣

午後沒有雲撐傘
熱得膨脹起來的天空
海風強勁也吹不亂
歷史，真實不虛

詩人們拾階梯而上
觀看歷史文物
瞭解淡水的歷史
成為寫詩的意象

詩人們在夕陽餘暉中
朗誦不同語言的詩句
寫下不同語言的詩句
留給淡水紅毛城

被波浪凝固的詩篇

詩人們雨中撐傘
朝聖般冒險通過
僅可容身的岩洞，有光
引領我們探索祕境

來回行走在台灣東北角
奇特的砂岩被海浪侵蝕
沛然線條的巨型畫
留在亙古海岸

蝕刻許多象形文字
穿梭詩境的領空
寬闊瑰麗時空交錯

面對震懾心靈的場景
詩人們來此誦讀
被波浪凝固的詩篇

大自然的抽象畫

大自然的抽象畫
藏身在祕境
氣勢磅礡的砂岩
可任意用眼睛裁切
觀看同時聆聽

無名天地之始
偉大的創作者──大自然
集千萬年創造力
神奇獨特的蝕刻
氣凌雲霄而靈動

意志與精神隱沒
在時間與空間象限
海浪與砂岩永恆對話
抽象的詩篇已裝滿
詩人們還捨不得離開

李昌憲

南雅奇岩

大自然是偉大的雕塑家
不講理論，不可言說
不可解的創作過程
留下南雅奇岩
遠觀其形，任憑想像

近看肌理，卻是抽象
無法裁切的大自然畫布
為何都超過500號
狂野與細膩並存
詩寫不盡，從古典到現代

李魁賢的詩

淡水音樂會

在淡水河畔
杜聰明傑出的詩
譜成曲的旋律飄揚中
我沈醉在秋風裡
彷彿振翼的淡水老鷹
在巴拉卡*
巨大岩壁前飄舉
啊，我的少年夢
依然飄蕩不著邊際
在秋風聲聲呼喚中
猶未醒來

* 杜聰明故居在巴拉卡深山裡，從忠寮可以遙望
巴拉卡一大塊岩壁。

基隆登高

在基隆容軒步道
清晨踏上石階
期待更上一層的風景
眾多鬍鬚垂地的
大榕樹葉叢內
群鳥合唱曲開始交響
雜草野花沿途向我招手

抬頭看到白雲在微笑
經過風風雨雨的洗禮
在心靈裡化成詩意
石階曲曲折折
總是一路引導我向上
直到嶺頂觀景平台
眺望壯闊的海洋
展現奔騰的氣魄
洶湧海流對付遠方挑戰
默默獨立在嶺頂
感受台灣島嶼祖國
無愧孤守在天地之間

杜東璊的詩

記憶的拼圖（五）

入夜後。模模。。糊糊。的河水
在徘徊幾世紀的煙硝味中
朦朦。。朧朧

一只星光
在沒有砲火的夜裡特別明亮
照見豪情──壯志　升起
隨著恩怨──情仇　落下

在盛／敗／興／衰／榮／辱／得／失中
閃閃。。熄熄
在淡水河面上
載浮。。載沉

陽台上的小花
偶爾吹著淡水河口的晚風
眺望著五光十色的的煙火
在停放舟子的水面上竄起
又瞬間──即逝

沿著紅樹林劃過水筆仔的水
四百年後繼續流向大海
在河海交界處失去昨日的蹤影

淡水河只有一個方向
就這麼流向大洋
在河…海…交界處…失去今日的蹤影…

記憶的拼圖（六）

孩子們爭著說自己發現了一隻蝶
叫她蝴蝶
喊她粉蝶
會飛的毛蟲
水袖公主！
小孩們爭吵不休

…該怎麼稱呼她？
原來她是蛾。也非蛾。

我在一萬多公尺的高空上
想著淡水河的水

和曾經飲過這水的人
漢人、西班牙人、荷蘭人、英國人、法國人、日本人
和不叫做原住民的原住民
和曾經奔跑在岸邊的梅花鹿
和我的祖先
和我

這堆人和那堆人在斷不清的是是非非中
推擠著淡水河水

淡水就是淡水或者不叫淡水
她有自己的潮汐和水岸
乘載著自己的律動
流著自己的水
入她該入的海

流星雨

流星要像雨
下在台灣的夜空

他們說
要用世紀為鈸
把夜哐噹成千載難逢的明亮

滿山滿谷的星星啊
像貝殼裝滿沙灘上咯咯咯的笑聲
我要用什麼盛裝滑出天際的你們
好帶回我長憶的居所？

像雨催生出發旺的草原
我心裡的星星
也擠亮在字字句句的巷弄間

我在淡水日出之處
把興高采烈
捆成一束星星
掛在論文的句點上
向嘉義日落前的高山奔去

❖杜東璊

你是否曾經在傳說的流星雨中
悵然若失？

20世紀90年代的那一夜
風忘了吹開天幕
連隔天阿里山上的日出
也在雲霧間
錯上了山頭
清晨的空氣攪動對夜深之處的渴慕
在沒有星星掉落的山裡

終究
是我的心幕撐開了那片流星雨

我願再登高山
在眾星頌讚的黑夜裡
用那一束星星
作成我們新約的句點
讓裝在我窄如手掌心的流星歲月
走進21世紀的永恆裡

光就亮在北斗七星的杓柄上

昨夜七星柄端上
那顆最亮的
在我午夜的閃閃爍爍中
醒來

我望著無以名狀的弧形天空
順著光點畫出了北斗七星

風偶而也撥亮星群中更遠的星
像我撥開窗簾想探個究竟

那光從遙遠的更古
順著七星的柄和杓的節律
在非日非月
無邊無界中
湍流閃動

你說要有光
他們就放出光來
你說要行在光中
我就醒來

我進入光中
與眾星
一同仰望
那為大為尊為高為善為美的

稱頌
那掌權在七星之間
叫風吹醒我黑夜的
至高者

杜東璊

林盛彬的詩

淡水夜語

1.
入夜
人間的眼睛亮了
每個聲音
都是故事

陽台上
嘎嘎的壁虎聲音
是夢魘醒來
還是探問夢的歸路？

而葉子的呼吸
微微顫動
像跳在眼前的星
招遙著不知光年的夢

淡水的夜
窸窣著多少複雜的人心
明天有人醒了
有人仍未走出迷宮

2.
喜歡夜色
因為它對比出生命的光

深挖出對亮光的渴望
還可以在寧靜裡仰望星空
在月落中看見希望的微芒

此刻
半顆大月亮像熱汽球
載著我滿山谷的夢
清醒地飄在山稜線上

在淡水
每晚都用感謝的心
對著天空痴迷
那麼多的夢想無邊閃亮

3.
仲夏夜
遠處的狗吠聲
陽台外的蟲唧
一聲比一聲熱

鄰居的冷氣呼聲
似乎夢得很深

我左翻右翻
遍尋不著
我的夢
淡水的夢

4.
特大的半片月亮

❖林盛彬

懸在高低的厝樓頂上
思索什麼？

山谷裡處處懸亮的燈火
對著半夜的鼾聲
夢想什麼？

我只是恰巧翻身
聽著淡水微聲中的寂靜
我想寫的是什麼？

唉，那些躲在天空深處的眼睛
還猜想我在紙上書寫的星星？

5.
對面的大樓
亮著與熄滅的框框
鑲嵌畫似的淡水
家家戶戶都在夢中
仰望星星？

我知道星星長在
但錯過了今晚的微笑
明晚將是另一種光景

6.
每夜盯著妳謎一樣的臉
不是每個熟悉的光點都在此時出現
是雲的手遮掩
是星的夢改變？

夜空深處那顆似滅還亮的星
高樓小窗那雙似睡還醒的眼
不同處境一樣心情？

每次抬頭
不管妳的窗簾是否緊鎖
我知道
淡水的心永遠明亮清醒

7.

雨早已轉離淡水
夜的臉色還是幽鬱
圳溝水的夢囈
還呼嚕嚕地流過
無夢的夜

燈光
在濕漉的路面遲疑
哪個是光哪個是夢

夢的雨
在燈火下掙扎
睏與不睏
不是問題

8.

循著銀河流向
在最難辨識的那端
聽見夢的聲音

❖ 林盛彬

/37/

在冰河般的星群間流淌

每夜
忘情於淡水河畔的燈火倒影
彷彿再次進入銀河群星
至美的迷路

9.
瘟疫蔓延時期
掛在天上的黑色口罩
遮掩著光的盼望

午後的陣雨停了
天空還是戴著口罩
轉頭不看地上一眼

為病毒的擔憂像星那麼多
封在口罩後面的夢
還是像星那樣亮

水岸的睫毛
被高樓遮擋半邊
就當是淡水河戴口罩了

我們面臨的是什麼病毒？

10.
下午的急雨
星星都泡進水裡
愣在淡水街頭

不知何處去

烏雲
就這樣霸佔天空的版面
天真以為
世界會忘了星星

空氣濕濕的
望著霧茫茫的天空
閉眼的星星沒有滴下淚來

❖林盛彬

林鷺的詩

淡江詩曲

世界戴上口罩
透過遠端
我們彼此相見
舉行懷念

世界戴上口罩
透過遠端
我們各據海天
傳遞詩歌

詩人往事還在淡水
西北雨澆不熄四季紅
寶島愛樂提琴手
拉奏莫札特嬉遊曲
2020國際詩歌節
在淡江
高歌：台灣　台灣

溫情淡水忠寮

清晨望向一窗畫景
回想客居主人
奉上自家白肉米其林火龍果

鄰里捧來手做頂級堅果塔
水果茶點陸續登門

茶壺注入一泡泡茶葉香
濃濃忠寮人情味
耐沖千百回
窗外夜色也側耳傾聽
滿室熱鬧談笑

詩人醒在淡水忠寮
輕聲步上陽台
微雨輕灑清清小溪
紅色鐵橋依稀留下
詩人陸續走過的身影

溪邊那棵柚子樹
去夏容我躲避豔陽
送上陣陣撲鼻柚子花香
今年再次相逢
正值她懷孕秋天

清晨告別淡水忠寮
農民趕來分享
自種自焙自品在地咖啡
小小一杯
入舌拓散滿口甘醇
餘韻不散淡水忠寮香

❖林鷺

神祕海岸

幾番遊走
心中守護的奇岩祕境
海的聲音有時高調
有時從平靜中掀揚波濤
總是有人或站或蹲
在遠遠的石磯上
垂釣無語的生命時光
偉大的造物主
已在這裡寫下詩的篇章
儘管雨霧濛濛
詩人啊！
豈能不讓你們心中的詩句
跨過掩蔽開闊的岩洞
寫在那赫然驚奇
看不到盡頭的
神祕海岸

枯枝畫筆

詩的季節年年到淡水
有時炎熱
有時雨下個不停
捷運列車帶來溫情
有愛相聚
枯枝樂意被友愛磨去外皮
不曾想過
竟然化身成為畫筆

一朵玫瑰
一隻小鳥
一片森林
枯枝變成魔術師
讓短短的詩句
叫醒死去的春天

          * 記《笠》主編李昌憲在淡水詩歌節時，帶來取材他
             台南南化老家，親手製作的枯枝筆，用以鼓勵笠詩
             人成為素人畫家。

❖ 林鷺

張台瓊的詩

山城新語

一座水泥擋住山線條的那日
晨光幽微了
雁飛過卻不停留如往昔

你問起
我們是否還走得出去
在世界凝固之前

但我在意的
是我們能否記憶
觀音不能以一言道盡的稜線
垂山嵐與山樹的軟語於前肩
蛻換　藍色系的丰采　與
五百里神霞

你或能想起某次愛的酩酊陶醉
　或將說起某種神性的力量
我知道挖土機弄皺祖母的土地太多
子孫的幸福早如遮蔽的山光一般星碎
畢竟不需要每件事都明白
不是每朵雲都向南吹來畢竟不需要每件事都明白
不是每朵雲都向南吹來
只是　這山城我既然來了
就想與飛雁遍尋群山夜路的蜿蜒

這山城我既然來了
就不能棄城離去

水母

披上一襲清晨
淡色的霧
水母乘著浪花
來到岸邊夜裡底港

揣想河水滑過你時
淺藍色的觸手
飄搖如前生的記憶
你從夢裡甦醒

你是水*¹洗滌塵世裡的業
又是會呼吸的雲
在你小小宇宙裡　練習空無*²

吐納之間
天地含著你
彷彿　了無了邊緣

輕柔的水母
游過前世　來到今天
拉長這一生的呼吸
一張口　釋放昨日
脫下一頂頂舊帽*³
延續六億五千萬年歲月

張台瓊

145

一闔口
細胞核裡曇花一瞬的撕裂
交付一段新的生命

而我也學著水母：
宇宙自是含著我們
輕柔的心　含著光
也含著那無垠的宇宙

*1 水母的主要成分是水，其含水量可達98%以上。
*2 空無，佛家語。
*3 水母的繁殖方式由水螅型的分裂生殖（由傘狀部
　　脫離）與水母型的有性生殖交替而成。牠的出現
　　追溯到六億五千萬年前。

莊紫蓉的詩

雨中淡江

微風吹動雨絲
淡江學子依舊在
紅牆黑瓦的教室
演繹生命的故事
窗外
翠綠的草地上
一朵小花
小小的身子瑟縮著
花瓣上一滴露水
徘徊　流連
風看到了　搖搖頭說
沒有永遠的住家
露水滾落草地
跟著陽光走了

起風了
烏雲遮住陽光
雨來了
花瓣抬起渴盼的小臉
迎接
甘露

一隻白鷺鷥
站在翠綠的草地

莊紫蓉

久久不動　忽然
聽到清晰的吟唱：
「觀音大屯青天立／水面淡江萬里平」[*1]
「台灣　我的國家　我的希望」[*2]
一聲聲由遠而近
熱情的歌聲鼓舞了伊　終於
振翅
翱翔

[*1] 杜聰明醫師詠淡水詩句。
[*2] 李魁賢老師詩作〈我的台灣　我的希望〉詩句

祕境

雨中　走進
綠草淹沒的小徑
跨過鐵軌　往上再往上
豁然
遠山杳杳
燈火點點

窄門

側身　蹲下
穿過窄門　探尋　光
回頭
奮力　站起
重新找到
力量

附記：隨詩人遊仙洞巖有感。

陳秀珍的詩

視訊會讀詩

淡水河左岸秋風依然揚起
淡水河右岸夕陽依舊壯麗

武漢病毒打亂
福爾摩莎詩歌節奏
瘟疫阻斷國際詩人
奔赴淡水的路
一場預定的國際詩歌盛會
改為視訊相會

隔著螢光幕
遺憾與思念
無法互相傾吐
面對沒有情感包袱
沒有情緒反映
沒有溫度
不會鼓掌的攝影機
我朗讀：
在你的擁抱中

疫情中的詩歌節

因為疫情

國外詩人隔離海外
只能線上各自朗讀

因為疫情
預期中的詩牆
詩缺席
只剩牆

因為疫情
三度招待詩人入住的飯店*
變成檢疫旅館

因為疫情
特別懷念以前詩歌節
國內外詩人以詩相聚
行腳淡水

因為疫情
第一次沒有在會後
出版福爾摩莎國際詩選集
我還是習慣性寫詩
紀念這個特別的詩歌節

     * 2017~2019福爾摩莎國際詩歌節詩人入住於淡水
      亞太飯店。

藏詩殼牌倉庫

萬年不變的秋陽
掛在詩的天空

溫暖鼻仔頭
咖啡香沖散
霸占鼻腔的臭油味

推開
殼牌倉庫百年老門
國際詩歌節跨進門檻
詩被迎入
詩人手跡進駐
新詩朗讀在木構老建築
迴響淡水大街小巷
謬思遠道飛奔而至
簽名報到
催生淡水詩
詩人詩胎暗結
等待陣痛

關上
倉庫厚重木門
又一次豐收
詩

詩念

拉丁美洲詩人
以Hermosa*1稱頌淡水

北非女詩人
走進海關碼頭驚見家鄉

陳秀珍

卡薩布蘭卡舊影*²

北美詩人
在多風的榕堤
與夕陽相看兩不厭
坐成淡水明信片

印度詩人
心的寫真機收藏
異國金波與落日

孟加拉詩人
發現台灣秋老虎
勇猛賽過孟加拉虎

國際詩人
走進漁人碼頭
情人橋上秋風細雨
心杯離愁滿溢

*¹ 意思是「美麗的」。
*² 摩洛哥女詩人Dalila Hiaoui。

基隆仙洞巖

洞窟容納陰暗涼爽
拒絕陽光洞穿
神像被巧手雕飾被開光
在洞窟壁凹內
供人誦經朝拜

燈燭香火讓神讓人不寂寞

從空氣清新的洞外
進入被煙薰的洞中
不能自由進出的神像
會像我渴望洞外
千濤拍岸與萬里陽光嗎？

仙洞巖一線天

兩面古岩壁
長年對峙
探祕者排隊
依序進入壁間
再高傲的人
也低頭側身步步驚心

像一道裂縫的天空
越來越細
通道越來越像產道
壓迫軀體

人人專注鑽行無暇探祕
空氣越來越稀薄
讓人深感窒息
神就在近旁在狹道兩端
心卻被恐懼完全割據

陷入壁縫的噩夢

❖陳秀珍

/53/

竟在現實重演
夢是預演現實
還是現實困境的反射？

基隆秋雨

雨下在八斗子
雨下在雞籠
雨下在馬路上
雨下在所有你想去的地方

雨一直一直下
千弦合奏雨的旋律
仙洞巖階梯
小瀑布在溜滑梯

被蝙蝠遺棄的豪宅
佛手洞自成魔幻境界
洞外暴雨洞內細雨
忍不住的春意從地面升旗
生命力強韌的綠草
裝飾荒涼洞窟

雲雨封鎖太陽
詩人心中升起彩虹
在雨隙間穿梭
海浪激情撞擊岩礁
山在虛無中
眷戀天空

祕境

從祕徑到祕境，許多曲折
不是路的路，靠自己雙腳踩出
無人認識的景，靠自己眼睛探索
隱約的天籟，靠自己的耳朵辨認

滑腳的奇岩海岸
再過去是狹小岩洞
洞口藏住甚麼？
另一面是不是神祕花園？

由祕徑到祕境
關卡重重
有人選擇擱淺在舒適圈
與萬眾觀賞一樣的風景
詩人以好奇心與冒險精神為祕徑
突破千重障礙
抵達夢境

南雅奇岩

風與浪長年侵蝕
造物主上色
天然抽象畫
人無法複製
岩面七彩
陰雨天詩人的心
因此綻放光明

陳秀珍

相隔千萬里
台灣與秘魯
南雅奇岩與彩虹山
用色彩
呼喚彼此

雨港

因為下雨
旭日沒有在一瞬間
蹦出海面

因為下雨
雨傘來不及晾乾
心情有時跟著濕潮

因為下雨
躲在涼亭讓雨觀賞
感覺像被關在雞籠

因為下雨
海的聲音變化無常
海浪更激昂
淋濕的身體感覺像海魚

因為下雨
看不清楚基隆
但畢竟是雨港

朦朧才是她的真相

因為下雨
想要
下一次不再撐傘
看到另一面的陽光

陳秀珍

陳明克的詩

珊瑚藤花
—於忠寮

雨中盛開的
珊瑚藤花
不再注視
飄落的雨滴

卻為了一聲聲
輕輕的嘆息
跳下

在圍牆上
找到模糊的
一灘灘水

秋櫻
—於天元宮

一群人走向櫻花樹
樹藉著風搖晃

像櫻花盛開
人會停在樹下
驚嘆吧

黃葉一直掉落
樹望著走遠的人
拉著風
努力下著櫻花雨

殼牌倉庫

廢棄的鐵軌
淹沒在咸豐草
盛開的白花

鐵軌邊的紅磚屋
是百年倉庫？

年輕男女來來去去
在草叢前這麼問
沒人回答

「那時候是英國人的
哪會有咸豐草？」

蝴蝶被什麼
驚嚇到？
從花叢裡面
飛出來

「喂！有沒聽到？
火車經過」

陳明克

159

「不是啦！是
白洋裝金髮少女
追著蝴蝶」

海是什麼

北海岸岩石上面
那人面向海

海浪一再奔向他
撞向他站立的岩石
幻化成一朵花
被岩石遮住
他望著遠方的海

海浪繞到他側面
也向他
開一朵花

他仍凝望著
遠方的海
喃喃問著，「海是什麼？」

海又湧起浪
奔向他

他擦掉臉頰水滴
全然不知道
海浪是花瓣

在他的臉飄落

孤島

基隆嶼孤伶伶
生在大海中
偶爾鳥飛過
不飛向它

每天
海水環繞著它
依偎著它
它漸漸覺得
是海唯一愛的

海浪一波接一波
為它湧起
要奔向它？

怎都衝向岸邊？
即使粉碎消失

海

細雨中
八斗子海邊
彎彎的路
車燈不斷奔馳

❖陳明克

海浪一陣陣
呼喚著誰
從遠處過來
急著奔向岸邊

從車子行駛
單調的輪胎聲
海聽到什麼

不斷湧起浪
不惜跑向岸邊
撞得粉碎

難道以為
車燈是星星

神殿蠟燭

寂靜的神殿裡
電燈明亮
一排像人肅立的蠟燭
沒必要地
默默燃燒著

燭火一絲也不動
卻突然大聲
唸經

啊！哪來的黑衣人群
挨著神像站起來

唱詠著經文

和人一樣燃燒
卻不能為自己的蠟燭
滴下淚珠

神會以為它們
多餘？

海邊的野花

外木山海岸邊
海浪翻滾跳躍
野草花害怕
遲早會被吞噬

水珠不知從哪裡
飄向它

它高興得叫喊
聽不進，「那是浪花」

它憂愁
落在身上的水珠
不長久

囚室

石山裡的隧道

❖
陳
明
克

163

彎彎曲曲
會通往哪裡

起先我繞來繞去
為了好玩
忽然茫茫然
不知在哪裡

驚慌尋找出口
來到一個窟窿
蒼白的光
照進通道的盡頭

「這是鑰匙孔？
哪邊是囚室？
兩邊都是？」

是誰接著說
我的眼睛
不就是石洞

十三層遺址

海邊的觀景台
我們算著
雨霧中的山坡
廢棄的天空之城
有多少層

那老人向廢墟
伸出雙手

他等待的父親
一身灰塵
笑著走向他

他爬到巷子邊
板凳上面
歡笑尖叫
指著山下海邊
撲岸的黃濁海浪
後退
終於變成
澄藍的海水

他對扶著他的
壯年人說
他就這樣決心離開
縱橫交錯
滿佈塵埃的巷弄

他回頭默默望著
陰雨中灰暗的海
突然嘆氣
手中雨傘被吹翻

我們還在爭辯
到底有幾層

❖陳明克

165

楊淇竹 的詩

仙洞巖

海，波濤洶湧
將洞穴侵蝕斑斑痕跡
走進神明的祭拜
香火繚繞
映照在海的力量
仍鮮明不已

穿梭大小通道
空氣稀薄中
有童趣的心
和雨水
滴答玩樂

金山祕境海灘

大小石塊
鋪成一片海水之路
水在浪花擁護
高高低低

依循岩石腳步
通過洞穴
遼闊，無邊境

舒暢涼風
把陰霾烏雲
吹散

她亂舞髮絲
雨，留下鹹鹹的記憶

漫步海科館

船舶的海洋工業
貨櫃一一進港
忙碌在進港的作業程序
博物館縮小了
體積巨大
科技神奇奧妙解說
水，深度探測
溫度逐漸落下

在深海
昆布倚靠岩石
鯊魚悠遊自如
大小魚種
以及人製造的垃圾

潮汐間，我立足地
曾是火力發電廠
博物館將歷史梁柱保留
堅硬的鋼材卻游出

❖楊淇竹

1671

海水生命力
工業進步背景下
找尋海與人的
近距離

蔡榮勇的詩

視訊

透過網路
詩人長出了翅膀
發出各種悅耳的鳥叫聲

西班牙人朗誦詩歌
透過耳朵聆聽
無法翻譯成為眼睛看得懂的語言

聲音悅耳的感情
好像蜂鳥透明的細長舌頭
吸吮心靈的花蜜

鯨鯊

走入水尾漁港
幾搜漁船
停泊在碼頭

撐著雨傘
聆聽大海朗讀雨珠的聲音
看不見大海穿雨衣或撐傘

海底的

鯨鯊
跟著大海朗讀雨珠的聲音
一一寫在背部上

戴錦綢的詩

淡水河邊絮語

漫步淡水河邊
海風帶來遠方訊息
輕輕的水流聲
絮絮叨叨著心情
她肆意飄揚的紅裙
撩撥著我心底那塊
耳邊傳來的月琴聲
訴說思念的故鄉
腳步慢慢心情沈澱
隨著夕陽的金光
留戀徘徊在淡水河邊
遠方觀音山的倒影清晰
一陣遊船的馬達聲
喊破這段不想沈歇的絮語
遊人的腳步再一次啟程

忠寮曉霧

下了一夜的雨
洗滌來自都市的塵埃
疲倦的身心
以忠寮的熱情治癒
寧靜的星空

伴我夢裡美好
忽然一陣鳥鳴
喧喊著黎明前的那抹堅持
終於遠方飄來的晨霧
逐漸掩蓋我那遠遊的思念
在忠寮口湖子植物園區
我曾細心栽種的那棵茶樹
是否記得我手中的溫度
再一次與你相遇在
飄渺細霧和細雨中
白鷺鷥衝破雨霧
我愛戀的忠寮
在心靈深處
永遠駐留

海與石的愛戀

在相遇的瞬間
旖旎的情愫漫延
海總以雷霆萬鈞之勢
吻遍石的身體
石總以安靜的姿態
等待著海
等待著每一次的親密接觸
千千萬萬年亙古不變的愛情
每天總會寫下不同的篇章
每天以不同的樣貌相見
最後
他們都忘記自己原來的樣貌

唯有愛情的詩篇
仍在持續
屬於他們唯一的浪漫

窺視

一線裂隙透露著甚麼
吸引無數人欲窺視
滿足了好奇心
有沒有問過願不願意
總是霸道地侵略
一片上帝開闢的祕境
在海浪的喧囂中展開
風輕輕吹起她的裙襬
和長髮
晃動著海浪一樣的頻率
陽光透過樹葉的縫隙
爭先恐後地灑落
在她遙望天地的臉
好像窺視了奧祕
笑容逐漸展開
她的　他的　我的
在窺視的靜謐中

漁港

當夕陽躲藏在海面下
當魚港迎來燦爛的燈光

戴錦綢

一艘艘滿載而歸的魚船隨著
海浪一波波推送家的方向
絕塵的車尾燈
在濕漉漉的馬路畫圖
畫著的也是回家的方向
我在港邊的小坡上
畫著我的愛情友情親情
海還在拍打著呼喚
魚港的喧嘩
卻漸漸沈靜在
無夢的夜晚中

謝碧修的詩

期待的季節

1.

年初一直期待佮恁相會
佇開滿台灣欒樹的淡水
以燦爛的笑容
欲來攬抱恁

無疑誤新冠狀肺炎疫情
一直燒袂退
各國已經禁止非必要的出國
咱只也當佇銀幕上
互相唸詩
解除深深失望的心情

2.

台灣欒樹
帶著青春的笑容
像日頭光那樣顯目
佇淡水的街道
向每一個行過的人搝手
充滿飛揚的開始

閣來展出粉紅的笑容
像墜落情海那樣溫柔
佇每一個人的心中

灌沃迷醉的玫瑰酒
充滿幸福的期待

爆開了　爆開了
熱紅的心情跳拉丁舞曲
予人心動的一場舞會
激情過了
掛著枯乾的目屎
靜靜回想燦爛的歲月

3.
夜宿忠寮社區
厝外落著小雨
厝內面人影相疊
共爐仔頂的茶水同款
熱滾滾
桌上排滿清甜・樸實

今夜無欲談詩
只談在地的種作經驗
每人發揮自己的專長
合力推展社區的生態
灌沃對跤底土地的愛

詩人
你欲灌沃的是佗一塊土地？

羅得彰的詩

櫻花

粗糙、老人手指似的樹枝
在指節上靈巧地產出粉紅花朵
像街頭魔術師一樣，賣藝吸引注意力
他們產生的收入不是銅幣和紙鈔
而是拍照手機的數量
在線上分享，儘管鮮花永遠不會
看到無數的讚

一條人河蜿蜒流過樹木
沒有提供養分，只有空虛雜音的激流
一隻孤獨的蒼白蝴蝶奔飛經過我的鼻子，不耐煩地飄飛
沒人關心它驅趕人群的努力
也許它需要將嗡嗡的蜜蜂近鄰叫醒
去趕走逢迎者
將不自然的花園恢復至原始狀態

揭

揭開
我們膚淺、染色的視覺
黑檀木或白象牙色
健康的粉紅或太陽輕吻的黃色
色譜被忽略

對於歡騰的病毒
我們都不過是個遊樂場

揭下口罩
我鬆了一口氣
每次溫熱並令人窒息的呼吸
讓真理的鏡頭起霧
我擦掉人造的露水
想著是否也必須為其他人這樣做
以讓他們看透誤傳資訊

已被揭露的
橙色謊言和覆著焦糖糖衣的數字
加甜並加工讓大眾可吞嚥
但是人造甜味劑已不能稀釋
那些不再繼續被短視常態
催眠的人之闇黑怒火

第二部 2021 年

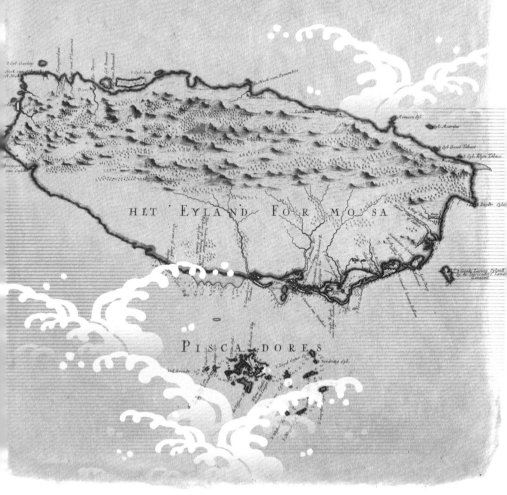

方耀乾的詩

淡水的彩霞（華語）

我沿著河岸徐行
風在我耳際吟唱
數千年來浪淘沙
如今淡水漣漪依然蕩漾

凱達格蘭族的艋舺
曾在淡水河口送走黃昏的彩霞
曾在淡水河邊迎接異國的船隻
如今淡水港的風華哪裡去？

黃昏我來到河口
落日從雲間探頭
將翡翠色的河水
鍍上黃金
抹上胭脂

我欲吟唱一首詩歌
歌頌文化的淡水
歌頌詩歌的淡水
歌頌秀麗的淡水

突然雲霧完全消散
萬丈彩霞籠罩整個淡水河口

淡水的彩霞（台語）

我沿河岸慢慢仔行
風佇我耳空邊吟唱
數千年來浪淘沙
如今淡水的水泱猶原淡啊淡

凱達格蘭族的艋舺
捌佇淡水河口送走黃昏的彩霞
捌佇淡水河邊迎接異國的船隻
如今淡水港的風華佗位去？

黃昏我來到河口
落日對雲間探頭
將翡翠色的河水
鍍黃金
抹胭脂

我欲吟唱一首詩歌
呵咾文化的淡水
呵咾詩歌的淡水
呵咾秀麗的淡水

突然間雲霧完全消散
萬丈彩霞罩佇規个淡水河口

❖ 方耀乾

詩人搗麻糬（華語）

彩色的魚在水中優游
青翠的蔬菜隨風招展
魚菜在忠寮共舞共生
全社區的農夫出動
表演〈素蘭欲出嫁〉
逗得世界各國詩人們
哈哈大笑

今天詩人的手不拿筆
他們挽起袖子搗麻糬
今天的麻糬是詩歌
詩歌又香又甜

詩人舂麻糬（台語）

彩色的魚佇水中優游
青翠的蔬菜隨風含笑
魚菜佇忠寮共舞共生
全社區的做稼人出動
表演〈素蘭欲出嫁〉
弄甲世界各國的詩人
哈哈大笑

今仔日詩人的手無舉筆
恁擎手 舂麻糬
今仔日的麻糬是歌詩
歌詩芳閣甜

詩人在忠寮口湖子橋植物園（華語）

流水蜿蜒而過
小魚逐波覓食
桂花隨風飄香
彩蝶逐花採蜜
福爾摩莎國際詩歌節的詩人們
輕輕踏過紅橋
那是天堂的彩虹橋啊
農夫在大地寫詩
一株一株的生命綻放
詩人用嘴巴吟詩
一首一首的深情流洩

詩人在忠寮口湖子橋植物園（台語）

溪水彎彎斡斡流過
魚隻隨波浪覓食
桂花綴風飄香
彩蝶花間採蜜
福爾摩莎國際詩歌節的詩人
輕輕踏過紅橋
彼是天堂的彩虹橋啊
作穡人佇大地寫詩
一欉一欉的性命綻放
詩人用喙舌吟詩
一首一首的深情流洩

方耀乾

詩的跫音（華語）

細雨輕輕
飄在我的髮絲
我望向天際
淡水的天矇矇
雨濛濛
此時是否適合吟詩
我走在路上
跫音追隨著我的步伐
每一個步伐都是我的吟唱

詩的跤步聲（台語）

幼雨輕輕
飄佇我的頭毛絲
我看向天邊
淡水的天矇矇
雨濛濛
這時敢適合吟詩
我行佇路裡
聲音追隨著我的跤步
每一个跤步攏是我的吟唱聲

淡水福爾摩莎國際詩歌節（華語）

我總會想起那年
忠寮的桂花香

有如詩人的詩香
詩人的步伐輕輕
輕輕踩在青草地
桂花的香氣輕輕
輕輕飄在空氣中
詩歌的吟唱聲
亦飄落青草地
亦飄上大氣中
我總會想起那年的詩歌節

淡水福爾摩莎國際詩歌節（台語）

我總會想起彼年
忠寮的桂花芳
若像詩人的詩芳
詩人的跤步輕輕
輕輕踏佇青草埔
桂花的芳味輕輕
輕輕飄佇空氣中
詩歌的吟唱聲
也飄落青草埔
也飄上空氣中
我總會想起彼年的詩歌節

方耀乾

/ 85 /

王亞茹的詩

忠寮阿嬤

九十幾歲阿嬤
精神飽滿笑咪咪
在家人陪同下
開嗓一唱讓我驚嚇不已
我趕快用手機錄下
這難得歌聲
阿嬤丹田有力歌聲響亮
「我厝住忠寮庄，門口有
一欉玉蘭花佮一欉桂花
親戚朋友有閒來作客……」
喔！這就是臺灣相褒歌
留在我內心振盪

利玉芳的詩

淡水念舊

憑依漁人碼頭
凝視歷史上渺渺的淡水
繁榮興衰如浪潮般湧入
行人雜沓的滬尾老街
我輕鬆的腳步踏在幸福的島嶼

觀音山依舊含情
默默地薰陶她的土地
安撫她的子民

優雅的夕陽放下身段
和詩人與會紅樓
香檳小酌
詩朗誦一首又一首

山城的貓
穿越迷宮似的巷弄
打開阮心內的門窗
貓矯健地躍過石牆仔內
跫音沾著桂花香

公園的溪水蜿蜒奔流
向野薑花的翅膀縈繞
田裡的茭白筍等待中秋來採摘

我種的茶樹幼苗該長及腰間

雞蛋花若開
我就聽見
埔頂少年充滿活力的笑聲
雞蛋花若謝
我對馬偕博士的懷念更甚深秋

李昌憲的詩

一壺春茶喜相逢

一壺春茶喜相逢
在淡水
國際詩人與台灣詩人們
一起參訪石牆子內

李家古厝
古樸的牆壁展出
詩人李魁賢創作歷程
連結家族發展史

石牆仔內特色午餐
台灣高山烏龍茶香
奇妙相逢在餐桌上

佳餚配對茶香
滾動
詩人們的味蕾
滾動
台灣與國際的詩情

一首詩

一首詩，是一次產前陣痛

生得出來就好
不要在乎美與醜

一首詩，是一次銘心的愛
人生，愛過就好
擁有太多會睡不著

一首詩，是一次偶遇的驚喜
揮揮手，走過就好
別強求要留下什麼

一首詩，是一次錐心泣血的痛
看那些犧牲的年輕生命
要撫平在眼眶打轉的淚

一首詩如果一直未完成
就作罷，讓到處亂的
雜念，徐徐從毛孔散去

閱讀詩心

閱讀詩人的詩心
必定要從詩裡尋

午夜走出書房
農曆十六的月正圓
卻找不到一顆星
想必星星們都赤裸
不讓人類偷窺真相

淺酌過後那微醺
適合誦讀詩人的詩
內心不想直說的密語
留在詩句裡奔流有聲
詩人的理想如雷聲轟響

感覺腳下的土地震動
聽見詩人真誠的呼聲
「如果人民沒機會讀詩
我們把詩送到人民面前」*

閱讀詩人的詩心
星星們都擠進書房
而我眼睛視力漸差
青春已開門出去

        * 李魁賢〈淡水是我 我是詩〉詩的首二句。2021年
        7月疫情期間，宅在家完成篆刻且鈐印。

詩人

詩人堅持用一生
追求詩的真與美
詩的音樂性
詩的表現形式
永不停歇地創作
想望
詩與永恆的時間產生
關聯

李昌憲

在時間永恆的流動裡
詩人孤獨地存在著
巨大而空虛的空間
圍繞詩人的日與夜
縱使把詩朗誦得再大聲
也沒多少人鼓掌回應

記憶裡許多詩人的名字
他們的形影已逐漸模糊
隨永恆的時間流轉
名字被遺忘
詩篇留在圖書館

巨大的圖書館
詩集收藏的小角落
詩人孤獨地存在著
詩史與寂寞相擁
時間在時間中消失

《淡水五年詩選》

《淡水五年詩選》
縮時顯影
我們以詩歌相聚

詩已經成為日常
生活
從一杯咖啡

開始

融合
五年的詩篇詩味
感覺每一口咖啡
餘韻無窮

在未來的時光中
《淡水五年詩選》成為
詩永恆的養分

夢回淡水

我們在淡水留下的
鞋印
彼　此　想　念
這奇妙的因緣際會
引領我們

夢回淡水捷運站詩牆
夢回殼牌倉庫的會場
夢回淡江大學的建築
夢回真理大學的歷史
夢回忠寮步道的生態
夢回石牆仔內的詩味
夢回

邊走
邊看

李昌憲

邊擦汗
乾脆讓汗水　滴
落　在台灣淡水

因為疫情的緣故

因為疫情的緣故
國際詩人們
今年又不能來台灣
來淡水參加詩歌節

國際詩人們想念台灣
台灣詩人也想念你們

淡水捷運站
想必充滿詩意
旅客明顯減少
人人戴著口罩

因為疫情的緣故
難掩緊張的情緒
我在書房　聽鳥鳴
千言萬語都是想念

想念的種子

不能去淡水
我拾起許多

心形的紅豆*
種子粒粒飽滿

遺傳自內在的
熱情
基因全是
想念

在時間裡發芽
長出羽狀複葉
白天葉展如詩
晚上閉合織夢

紅豆有心
詩人有愛
全是為了繁殖
想念的種子

* 我種的是孔雀豆樹，每年開花結實。

李昌憲

195

李魁賢的詩

淡水文化園區

以前我聽到
輕便火車的喘息聲音
幫浦抽送臭油的順暢聲音
製罐敲打白鐵的機械聲音
水上飛機河面起降的噴濺聲音
美機炸彈火燒油棧的驚慌聲音

然後變成
磚瓦在雨中呻吟的聲音
小草在陽光下歡笑的聲音
夏蟬熱烈呼喚生命的聲音
蝴蝶悠然拍翼招蜂遨遊的聲音
大樹孤獨臨風抗拒壓制的聲音

如今常聽到
社區大學上課的智慧聲音
新書發表會念詩的溫柔聲音
音樂會年輕亢奮的激情聲音
書畫展參觀者內心的讚賞聲音
各地訪客懷舊探新的談笑聲音

鼠麴粿

詩人
來到忠寮石牆仔內
大家用寫詩的手
來做鼠麴粿
無論紅豆仔粿
抑是菜脯粿
或者芋仔粿
蒸熟了後
餡統統變成
情詩

數念忠寮

忠寮山水是天賜的
忠寮田園是祖先開墾的
忠寮文化是世代努力的
我的少年靠住忠寮
我的中年疏遠忠寮
我的老年回歸忠寮
經過一世人詩的洗禮了後
我迭迭數念忠寮
愛的最後基地
安息的所在

李魁賢

1971

林鷺的詩

淡水海色

用閒情折一枝金色鬱金香
面向綠草坪外的一片海
等朝日
看夕陽
滬尾砲台暫被禁令收藏
趕不走秋老虎的餘威
斜坡上
媽媽嘴咖啡廳的冷氣空調
有氣無力喀喀運轉
回想起高台上的涼風
多麼樂意為新冠疫情解封
媽媽歌手攜帶新生兒
在午後時光
為淡水的一片連天海色
彈唱慵懶的抒情藍調

滬尾夜色

時令臨近秋節
我們在星光月色中
讚歎淡海閃亮的遠方銀波
看草地捨棄青翠
裸露胸膛

仰躺落地窗外
任朵朵燈花的美麗
滲透夜的靜謐
默默開向
滬尾幽微神祕的天際

一滴水紀念館

珍貴的一滴水
飄洋過海延續歷史
尋找價值的依歸
百多年的日本家屋
輾轉異地
最後在淡水重塑骨架
留駐人類建築藝術的偉大
屋柱
根根不著釘眼不留間隙
見證
坐鎮古屋的神靈
鍾愛禪的內外和諧
託付異國知交
往後的一生

漁人碼頭

有海的地方
總會有些曲折
搭一座近海的拱橋

方便遠近
追逐淡海黃昏的過客

蝦鮮蟹美
不過在滿足
短暫的口腹之慾

詩人張開心眼
停駐
啟動鏡頭
長短聚焦
盡情捕捉漁人碼頭
稍縱即逝的
黃昏詩句

淡水忠寮鄉親

野薑花的清香
引領詩的嗅覺進入忠寮
日益熟悉的在地鄉親
年年熱情共築
詩與土地親密的連結
他們的手
栽植四季美麗的花卉
他們的手
種植根生茁壯的樹木
他們的皮膚
反射陽光溫暖的色澤
他們的笑容

傳遞和諧共生的智慧
他們的唇齒
吟唱演奏各種樂器
如今
開始朗誦純樸的詩句

張台瓊 的詩

沙崙樂章

海邊的人
牽著思念的漁罟
海水來了　彷若愛情
我圍起你　用我生命的全部
任海浪，拍打
心底輕輕築起的　沙中城堡

海邊的人
如果你願意
海會奏起鏗鏘的樂章
城牆上的尖兵會醉倒
島上的沙城
就跟著每吋相思瓦解，無盡

又或許
你是收網的人
聽盡翻飛的浪
在樂章的尾聲，悄然退去
留下雲朵般多彩的想像
映在層層，泡沫
記憶的
沙崙海灘

後記： 你還愛嗎？當愛情來潮，你還網羅它，繼續為相思

醉倒嗎？去或留、醉或醒、傾聽如樂章般美好的愛
情而牽引情網或是歷盡滄桑而悄然收網、留下多彩
般的想像空間？

大屯峰頂

再不布達什麼深奧的道理了
所有偉大的要件都在這裡

時間可以推回遠古
場景是綿延的山群
陽光、生命與偶然聚散的山嵐
寫入大屯，山與火的記憶

手已經探夠了那樣的角度
與背脊一樣駝著
於是你來到這裡，傾聽
山風與葉的追逐　　如浪
五色鳥敲響前世的願

讓我是大屯峰頂上的一棵樹
循著連峰的階
安頓山中的精靈
讓風與樹影
素描陽光搖擺的姿態
奏起輕輕、午後的巴莎諾瓦
你喜愛的旋律

此時我已接近天空、接近你

❖ 張台瓊

悠悠的白雲是我的吐納
我可以靜靜聽著秋楓舒展莖葉
可以逗弄藍鵲炫耀的羽翼，邊唱邊跳
也可以隨著季節　流轉、枯榮

即使枝葉已經落盡
我會記得，那是生命
記得那搖曳的光影
曾經投注我們驕傲的身軀
投注秋天的　大屯峰頂

莊紫蓉的詩

這一天，詩人在忠寮

豔陽下
高大的烏臼迎風展葉
桂花隱約飄香
檸檬桉吐新芽迎接
詩人
低吟《海芋都是妳》*¹
淺唱《台灣隨想曲》*²
輕嘆《森》*³
見證《病毒無公休》*⁴
訴說《居服員的對白》*⁵
傾聽《海的聲音》*⁶
《再過一年》*⁷
我們還要來

　　* 詩集作者：*¹陳明克，*²方耀乾，*³楊淇竹，
　　　*⁴陳秀珍，*⁵王亞茹，*⁶林鷺，*⁷蔡榮勇。

淡水落日

經不住殷殷呼喚
躍入大海的懷抱
留給白雲一抹
餘暉

淡水月夜

觀音山默默守護著
山下人家
燈火點點
天上星星和白雲捉迷藏
月亮在一旁微笑

陳秀珍的詩

詩香
—2021淡水福爾摩莎國際詩歌節忠寮開幕

詩歌節開幕在忠寮
布景巍峨大屯山
秋陽率先簽到

我越過小溪*上紅橋
和一年一會的朋友
在口湖子不握手
在心房互相擁抱
隔離海外的詩人
在我心中全程與會

新書發表會
首度走出殼牌倉庫
天光下榮耀展示
一年詩歌大豐收
詩筆不被病毒折損
詩心推敲下一本詩集

天空吝嗇
擰不出一滴甘露
汗滴草下滋潤詩花
詩人暗許詩香不散
代代傳承

* 公司田溪。

陳秀珍

捷運站詩展

秋天的淡水
詩歌的節日
身體轉運站
轉成詩的殿堂

詩人群像*林立
無聲朗讀給未來的詩人
牆柱綻放奇葩兩行詩*
誘引如蜂似蝶之心
許多詩藏身轉角
等待眼角相遇*閃出淚光
相識恨晚

詩人走過金色水岸
懷孕詩
詩人走過老街
留下詩的韻腳
詩人暗戀淡水
以詩當眾告白在捷運站

> * 淡水捷運站詩展分三區：詩人群像、兩行詩、遇見
> 詩。

詩人群像
—淡水捷運站詩展

詩人群像*1
以詩為脊梁

佇立捷運站中庭
把淡水詩篇
送給人生中途歇腳的男人*²
獻給心靈疲憊的女人

詩人群像以詩為靈魂
我近旁站著異國詩人
他的詩篇句句烙印我內心
他的人與我隔離
在茫茫太平洋上
兩座孤島
隔著世紀大瘟疫
相望

*¹ 2021淡水福爾摩莎國際詩歌節捷運站詩展。
*² 詩人李魁賢主張:「如果人民沒機會讀詩／我們
把詩送到人民面前」(摘自李魁賢詩〈淡水是我,
我是詩〉)。

詩人原鄉
—石牆仔內懷念國外詩人

以詩為門票進場
台灣名詩人*故居
國際詩人穿梭房舍
尋寶之旅腳步接力
於光與影鋪滿的廊道
轉身
遇見詩
多聲帶翻譯象形文字

陳秀珍

/109/

英文、西班牙文、義大利文……
銘刻各國詩人心板

玉蘭佇立庭院優雅宛如女眷
木蘭開花萬分嬌羞
石牆無聲訴說百年滄桑
大屯山靜坐詩人眼中
如詩神啟發靈思
淡水河流進詩人血管
流出詩人筆端
世人驚歎

* 石牆仔內是名詩人李魁賢故居。

不在場的詩
—懷念缺席的外國詩人

一雙眼睛
遇見一雙不在場的眼睛
炯炯有神

一張嘴巴
喃喃複習
一張不在場嘴巴的話

一雙耳朵
聽見一位不在場的人
哽咽朗讀

一隻鼻子
嗅得一位不在場的人
用詩釀造香水

一雙腳
不知不覺跟隨
一位不在場詩人的腳步聲
越過小橋
不知所終

一個不在現場的吻
來自何人的紅唇
或來自神？

＊ 武漢肺炎的關係，所有外國詩人都無法親自來到
淡水。

詩旗

布旗飄揚
繽紛淡水整條街巷
迎接詩
讓詩人校閱
也校閱詩人隊伍

颱風季
布旗被海風撥弄
不隨風私奔
布旗被狂風撕扯
不皺不縮不破

陳秀珍

布旗被微雨淋濕
不褪本色
布旗被暴雨鞭打
不隨欒樹星花墜落

詩歌節後
布旗自詩人心中
冉冉升起
詩的天空
不隨落日降下

詩與桃花
—忠寮口湖子生態園區

新書發表會
詩人自述一日寫詩數首*1
為排除恐懼瘟疫的毒素

春天的桃花
秋天出版*2
號外的新花發表會
比排除恐懼瘟疫的毒素
詩意千萬倍
驚艷視覺

發表會後
新詩集逐漸變成舊詩集
詩人避免折舊追求蛻變
新創意在詩人心中如浪撞擊

人面桃花
來年相認

*1 陳秀珍詩集《病毒無公休》。
*2 淡水忠寮口湖子生態園區的桃花，居然在中秋開
　　花。

秋詩
—忠寮口湖子水岸

秋天在淡水
開幕詩歌節
大屯山詩意層層疊疊
浮雲默讀口湖子動靜
精油茶樹*孕育異香
向上朝聖太陽王
巨人眼睛長在頭頂
自卑走過綠蔭

詩人行經水岸
聽見野薑花開
雪白醉蝶輕輕拍翅
誘發蝴蝶效應
詩人寫詩　寫詩　寫詩

秋天是詩人復活節
也是一本嶄新詩集
秋詩繽紛中
白色野薑花是一行警句
拒絕不識字的冬風

陳秀珍

前來亂刪除

* 2019年詩人在口湖子種下精油茶樹。

詩歌節日做粿

成年人複習童年
興奮圍坐石牆仔內方桌
個個摩拳擦掌抹油做粿
粿把人黏在一塊
以前在過年過節
有阿母阿爸的故鄉大肚山
此刻在詩歌節
在新故鄉淡水
揉麵糰包餡印粿模
流汗流口水
等待竹籠炊出熱騰騰
有雞屎藤或鼠麴草的香味
舌尖上鄉愁的滋味

小小一塊粿
包進多少記憶的餡
甜甜　鹹鹹
咀嚼昔年阿媽的愛
反芻舊日阿母的苦

詩人村
—在忠寮

長壽村在忠寮
九十歲阿公把機車當駿馬奔馳
山路高高低低小溪彎彎曲曲
千風追著他出巡
擁有許多老屋許多老人的山村

村人情感
如花與樹如水與魚
青年返鄉奉獻專長
共同打造金牌農村勳章
四歲桂樹在桂花巷*¹
兩歲精油茶樹在口湖子*²
懷念遠方詩人綠手指
芬多精裡有愛的成分

詩人*³背著小學書包
行經蟬鳴與花香
北管大師*⁴在此傳藝不息
嗩吶吹出節慶的空氣
校長*⁵彈唱歌詞導覽忠寮
菩薩臉的阿媽*⁶傳唱相褒歌
大屯山前歌聲繚繞

國際詩人村在忠寮
村人接待詩人以歌以舞以劇
以人情調味的廚藝

❖陳秀珍

/ 115 /

我猜想他們應該會開始寫詩
將以詩的大餐招待國際詩人

*¹ 2017年，國內外詩人在桂花巷種植桂樹。
*² 2019年，國內外詩人在口湖子園區種植精油茶
　　樹。
*³ 詩人李魁賢。
*⁴ 北管藝師李三有。
*⁵ 杜守正老師。
*⁶ 忠寮社區理事長李鎮榮的慈母。

陳明克的詩

百年長廊

石牆內唸詩
誰長長一聲嘆息

走進了長廊

淡水落日

夕陽從雲裡出來
紅著臉

那輪船停下來
等著它

如果船接住它
我們會在永恆中

「如果船進入夕陽
會到另一個
全新的美麗世界」

「你要拉著我跑過去」
我會為妳摘一朵花

我們卻看著
夕陽被海面上的雲
咬碎吞下

日落何處

從雲裡出來
卻已是殘破的
下墜的夕陽

會壯烈撞擊
在海面掀起
燦爛的光芒？

卻被海面等候的雲
一口一口吞食
他抱頭坐下來
在木棧道台階

踩著棧道的腳步聲
都是回頭放棄
不停留
越來越稀疏

不知何時消失的
她的腳步聲
突然走向他
停在他身邊
「你認為你

會像這夕陽一樣？」

她想拉他起來
「至少抬起頭
你不想再見到我？」

她是天使卻像精靈
又要戲弄他？
雙手捧著他的臉
要他抬起頭

他猛然站起來
看著她
看著她背後
天空中
誰點燃了雲？
火紅的晚霞照亮
染紅整片海

「你也會這樣」
她緊握他的手

他眼睛含著光芒
卻忽然流淚
「太陽落到哪裡了？」

「無所不在」
她靠在他肩膀

❖
陳明克

Anthology of Formosa Poetry—Tamsui 2020-2021

百年磚牆

石牆仔內
百年老厝外
庭園裡只剩
幾棵木蘭

夏日之末
幾朵花還盛開
被人說是不時花
花卻靠向
百年磚牆的八角窗

時間是水流
不時花豈能抵擋？
磚牆卻百年不變

啊！是磚牆邊
水流得慢？
花靠近牆才得以
不被時間水流
一下子帶走

石牆仔內老厝

詩朗誦進行著
我望著百年老厝
磚牆上的陽光
不動了

老厝前一群小孩
跑來跑去
陽光還是不動
是老厝聆聽著詩？
還是凝望著小孩？

那小女孩
停止甩動
套在身上的鐵環
注視磚牆八角窗

突然喊
「一起來玩啊」
陽光動了
老厝走向她

小女孩嚇到老厝？
她慌張跑向她媽媽

詩歌節的那顆心

去年細雨中
是誰的心？
攀附著珊瑚藤
開出心一般的花

久久才忍不住
落淚

坐在棚架下
準備下午朗誦的我
正好抬頭

她想著什麼？
她聽到我
低聲讀著詩？

今年我帶著
為她寫的詩

刺眼的陽光下
她找不到珊瑚藤
在哪裡
飄飄蕩蕩？

淡水燈塔

沿著河岸
尋找望高樓遺址

昏灰的天空河水
日落後反而
突然染紅
是百年前戰火的
記憶？

那法國軍人還在
燈塔上揮著手臂

發出撤退信號？
被關在廟裡的巡撫
這時才決定
不再逃走？

染紅的天空暗了
戰火熄滅

忽明忽暗
照亮淡水河面的
原來是淡水燈塔

望著燈光的我
走了回來

誰輕輕唸詩

百年老厝前
朗誦完詩
坐回長條椅的他
想著
誰輕輕應和

他忽而走進
小丘上的老厝
在長廊入口
望著夕陽照進來

無人的長廊

陳明克

一群和他一樣的中學生
從教室走出來
夕陽在她的髮梢
搖漾著
他每天等待的

他抓著紙條
寫著為她作的詩
躲在廊柱後
望著她走過去

走廊空蕩蕩
他驚覺他以為的
不變的明天突然變樣
走廊裡不再有她
他輕輕唸那首詩

夕陽下他
和他長長的影子
恍如與她並肩
在走廊走著

他突然回到座位
誰應和他
輕輕唸著那首詩？
夕陽照著他的白髮

美好的一刻

淡水河口
海邊木棧道
一群老人望著海
等待什麼

被掩埋的夕陽從
灰暗的雲裡掉出來
火安靜了
不再揮手踢腳
完美的圓完成了

不是看過
這樣的夕陽？
曾改變了未來？

老人為什麼
急著拿出手機
趁夕陽又掉進雲
掉入海以前
拍攝

「留下人生有
這麼美好的一刻」

❖
陳明克

楊淇竹 的詩

聽，忠寮音樂

吹奏
忠寮人宏偉的純樸
彈唱
忠寮人溫馨的情感
一首首林野山坡
嘹亮
回音

思念在每張樸素臉龐
增加了歲月
每一年詩歌節的喜悅
牽起熱烈
談笑

走進忠寮的詩人
帶來淡水
輾轉難眠的詩句
記憶在現實相遇
我依舊念念
忠寮音樂

獨角仙

依循足跡，往上
樹皮的刻痕
沒有昆蟲暫留
此刻
夏季已悄悄離去

不久前
繁華熱鬧
風吹
公司田溪畔
水車轉動
一群群居住
樹林草地
獨角仙，飛起翅膀
黑夜秘密尋找芬芳汁液
孕育下一代
生命

中秋前夕
陽光依舊溫暖
風輕柔吹拂
水車不時轉動
獨角仙留下生命的燦爛
我卻在刻痕中
悲嘆
青春短暫

楊淇竹

楓樹湖

跟著詩歌節小型巴士
通往楓樹湖道路
至高點
車停
無邊際淡水河口
水色山景
午後光線折射下
清澈恣意
老鷹盤旋天空
閒適，寄託
數位影像的快門

幾年前，詩歌節歡樂氣氛
已被肺炎來襲打亂
我們包著緊緊
口罩
唸起思念詩歌
楓樹湖
留在內心倩影
何時能在現實相聚啊？

捷運淡水詩

夕陽光輝
餘波
詩人看板的面容
閃閃發亮

詩歌節又再次
重回沒有肺炎的年代
迎接國際詩人
風塵僕僕

詩在淡水河上
發光
訴說思念的島嶼
我在秘魯詩人加希雅
發現愛與波浪
捲走我思念的髮絲
流連——
在海神搖籃裡
妳的海浪，把我捲入
海溝的深壑*1

聽見哥倫比亞詩人查華洛
嘹亮歌聲：
在台灣，一切光明
亮麗
自然輝煌而且
超乎自然*2
編織美麗淡水河與台灣
記憶
我把漫步淡水興致
寫入樂音

巴勒斯坦詩人哈利斯
那夜留下茶與詩的芬芳：
綠茶已泡好，在等你

❖楊淇竹

/129/

徐徐，趨近嘴唇
外地人呀*³
我好奇茶香風味
現在，剛泡好的綠茶
正等哈利斯說故事

時間啊，時間
未見面的兩年
淡水雖獨有台灣詩人寒暄
節慶的詩歌熱鬧
仍等待
外國友誼
前來

*¹ 加希雅（Mara L. Garcia），〈台灣海〉。李魁賢編
    譯，《淡水五年詩選》。台北：城邦，2021，頁78。
*² 查華洛（Winston Morales Chavarro），〈青春雨
    語〉。《淡水五年詩選》，頁26。
*³ 哈利斯（Wallid Al-Hallis），〈淡水〉。《淡水五
    年詩選》，頁66。

蔡榮勇的詩

漁人碼頭

夕陽　沒有落入海底
躲入雲海睡覺
蓋著五彩的棉被

觀音山

雲一定有許多話
想要跟觀音山　說
你要不要
站起來
跟我玩遊戲

夕陽

不知哪一位小女孩，用彩色筆在天邊畫了一個球，
吸引更多的小朋友的眼睛。海浪想盡辦法想要抱走
它，最後被雲吞掉了。

日日春

日日春熱情的開花

感謝　善良的農夫
允許他們住下來
農夫一株巨大的日日春

　　　　　　　＊ 早上在漁人碼頭旅舍外的空地，遇見美麗的日日
　　　　　　　　 春開花！也偷窺了農夫善良的心。

石牆仔

詩
好像一塊月餅
咀嚼出歲月滋味

石牆仔
詩人李魁賢的詩作
淡水忠寮社區的特產

詩人李魁賢的詩作
媲美李家古厝
觀音山繼續朗讀

石牆仔內老厝

詩人朗讀自己的詩作
老厝　有點迷惑
這是古詩嗎
語調不一樣

老厝想要學習

聆聽得更專注
小女生、小男生靜下來
跟我一起傾聽吧

忠寮社區

忠寮社區
樹比房子多
甚至比房子高
人才比樹多
連不知名的小花
都能逗眼睛　笑

忠寮社區
每個人的臉龐
透露著李家古厝的和藹
每個人都是活菩薩

想到自己故鄉半路店
也是這般親切
族人各自奔向遠方
子孫賣給建商
也賣掉美好的回憶

夕陽

夕陽　畫我
我是一個老人

好像對我說
不用畫了
跟我一起墜落吧

鼠麴粿

秋收後，藏在泥土裡的鼠麴草種子，爭先恐後鑽出
泥土，看見陽光伸出更長的脖子。

石牆仔樹蔭下，大夥一同搓揉，每個人臉上的笑容
都是餌，釣取童年跟母親一同搓揉包餡快樂的光景。
一不小心也把甜美的回憶跟紅豆泥一塊包餡。

戴錦綢的詩

觀音睡了

燈光吻著淡水河
在波浪中陶醉
似乎有一種叫做愛情
在醞釀或者即將沉沒
還有一種叫做理智
提醒著木棧道上的旅人
有一種愛情不屬於你
對匆忙的腳步絕不挽留
只留觀音山還在靜靜守候
仰望天邊那顆獨亮的天狼星
燈光的燦爛也奪不走
寂寞　　寂寞
觀音不理
她說
我睡了
明日清晨我仍擁抱妳

漫舞淡水河

清晨的淡水河
陽光在緩緩的水波中跳舞
悠閒自在的腳步
彷彿忘卻塵囂

遠處船隻呼喊著行過
逐漸喚醒這靜止的歲月
騎著鐵馬的少年
痴痴地停下腳步
不知想留住陽光
還是追趕急匆匆的船隻
路邊的木椅上
啜飲著咖啡香的旅人
一口一個留戀
也許是咖啡香
也許是河上的陽光
也許是想與他們一起
共舞在淡水河

漁人碼頭落日

一抹橘紅在厚雲中
衝出生命的光彩
海風徐徐吹送愛情
在夕陽的剪影中
濃濃厚厚綿綿長長
遙望遠方的燈塔
閃著hola的訊息
三百年前曾經傳達
夕陽總是到臨的小鎮
那抹記憶已在紅毛城的磚瓦中逐漸消融
漁人碼頭的夕陽仍在依依不捨
留戀在髮梢的微風
輕輕挑動驛動的心

一盞一盞亮起的街燈
宣示落日已告別
明日期待再一次光采

鼠麴粿的回憶

有一種回憶不止是回憶
是一種一輩子用生命來註記的回憶
有一個夢不是夢過無痕
是一個一輩子都想做的夢
有一種味道不是嚐過即可
是一種一輩子都想嚐的味道
田埂高高低低
小胖腿起起落落
眼睛左左右右
那年與媽媽尋找鼠麴草的時光
在記憶中　在夢中
也許就像已逝多年的媽媽
影像已逐漸模糊
心中最深藏的那塊
卻從未離開
在石牆仔內找到我的回憶
一塊淡綠色的鼠麴粿
那熟悉的味道在口中
夢圓滿了

　　　　　　　* 媽媽做的鼠麴粿是切碎拌入糯米漿中，放入袋中
　　　　　　　　以草木灰吸乾水分，包入加糖綠豆沙餡，餡甜皮
　　　　　　　　Q，還有鼠麴草的特殊味道。

戴錦綢

謝碧修的詩

詩的草仔粿
— 佇石牆仔內古厝DIY

傳統菜市仔內
攏看會著這款
佇早期艱難生活中
用大地滋養的
鼠鞠草　艾草
包著鹹鹹甜甜的
菜脯米　紅豆沙
顧腹肚　安慰稀微心情

今仔日佇大榕仔下
一粒包著忠寮的熱情
一粒包著石牆仔內的古典
一粒包著淡水的紅日頭
咱用詩捏出真濟的懷念
安慰憂悶的心靈

咱作伙種落的茶樹

2019年
在口湖子原生植物園區
咱將小小的茶樹栽
種落

期待佇園區內生湠
對(uì)各國帶來的詩情

茶樹佇遮
有熱情的日頭光
有清涼的雨水
有社區志工的看顧
有島內佮外國詩人的向望
這馬
比人身閣卡懸

揉開茶樹葉的香味
飄向天頂四界去
哖(siânn)引外國詩人
佇疫情過了後
閣來走揣留佇遮的情緣

雙抱樹

我欲予你攬牢牢
因為想欲倚靠你
以為你有開闊的胸坎
會當溫柔牽阮行
吃苦阮毋驚
向望你會抵擋
不時地肖想的豬哥兄

你欲甲阮攬牢牢
看阮這塊田園真正媠

看阮樸實閣軟洪
展出你粗勇的手把
限制阮踮你的目光跤
袂使反悔共你辭
阮只有忍受來拖磨

啊！攏是
唇角鳥仔亂點鴛鴦譜
雄狂甲咱揀作堆
好緣歹緣攏過了
幾若十冬嘛袂全心
你這馬煞甲放捨你的
舊情人偷來暗去
阮決定
賰一枝骨嘛欲勇敢
作家己

* 雙抱樹：石牆仔內門口破布子樹被鳥雀叼來的島
　　榕寄生，纏繞共生百年。

淡水散步

1.

小船
每工用欣羨的目光
看尾暗仔燒燙的日頭
展開燦爛的翼股
跳落藍海開闊的胸坎
頷頭看
隱藏水底的索仔

縛牢牢
寂寞的心情
只有流浪的風知影

2.
淡水岸邊
憂愁的跤步
清風來吹散
想欲讀出波動的密碼
水流已經送出帆
紅霞彩畫百款面貌
日子好 攏愛過
對看觀音山
烏雲走離心頭定

謝碧修

羅得彰的詩

淡秋・水

淡秋
的細雨追著
颱風而來
驅逐酷溫
卻趕不走
口罩下的熱氣

淡江
的學生
隨著秋日
回游校園
虛擬的教室
無法代替
實體的熱情

淡水
的老街
靠在河水
的肩膀上
小攤私語
感嘆只有病毒
在街上迴盪

兩地

人造的時間
鞭驅著生活
我活在平行的時間線上
隨著淡水醒來
看著前一晚的
非洲淩晨
彎月
疑惑地看著
站在冷風中的我
做夢的奢侈
泡沫化
杉葉嗦嗦
與夜鴉交流
此刻的夜色催眠
刻塑至心眼中
活在黑暗大陸的靈魂
支持遠東的軀體
殘酷的現實
割裂兩地
的安全感

秋老虎

今年的秋老虎
是短命的
它是否找了
柴郡貓拜師

羅得彰

只留下嘲諷的笑容
或者它被
人為氣候變化獵殺
皮毛不留

編後記

李魁賢

　　受到武漢肺炎流行病肆虐的阻礙，報名參加2020福爾摩莎國際詩歌節的國際詩人，無法邀請他們出席盛會，改用錄影念詩在螢幕上播放分享，國內詩人也相對縮短行程，只安排兩天下午在淡水活動，以杜聰明音樂會爲主場，配合詩集發表會和念詩會。豈料到2021福爾摩莎國際詩歌節，疫情仍未稍戢，根本不可能邀請國際詩人參加，國內詩人也精簡到一天，集中在淡水忠寮，舉行整天的詩歌穿插交流活動。

　　雖然國際詩人無法參加，不無遺憾，但國內福爾摩莎詩人熱情持續昂揚。歷年的國內外詩人交流氛圍，近兩年轉向詩人與本土鄉親的互動交融，無形中增加人親土親的詩情芬芳。活動時間雖然大爲縮短，詩思啓發卻更形濃郁，可見真情投入，詩即無所不至。茲蒐集這兩年福爾摩莎詩人在淡水詩歌節，身心感受淡水人文地理風情之美，發而爲詩的成果，編集成《福爾摩莎詩選‧2020-2021淡水》一書，與讀者分享。由於每人每年選錄10首爲上限，故創作量實不止於此。又因2020年安排三天的基隆遊覽，做爲詩歌節延長活動，故有些描寫基隆的詩篇也蒐羅在此。

　　福爾摩莎國際詩歌節在武漢肺炎疫情困局侷限下，勉爲其力，持續爲塑造淡水形成「詩的故鄉」願景拍拚。在淡水捷運站的詩展，更爲「如果人民沒機會讀詩／我們把詩送到人民面前」的心願，表現一番情意和可行方式。期望淡水同鄉和來往遊客，能感受一點心意和詩意，閒時讀詩爲樂，享受一些人文氣氛，培養情趣，相信能成爲人生賞心樂事，何樂不爲。

2021.11.01

李魁賢

國家圖書館出版品預行編目(CIP)資料

福爾摩莎詩選. 2020-2021淡水 = Anthology of
Formosa poetry：Tamsui 2020-2021 / 李魁賢編. --
一版. -- 新北市：誠邦企管顧問有限公司, 2021.12
面；公分
ISBN 978-986-97486-4-3 (平裝)
813.1   110019213

Anthology of Formosa Poetry
– Tamsui 2020-2021

福爾摩莎詩選・2020-2021淡水

編輯：李魁賢
校對：陳秀珍
美術編輯：石朝旭、陳純娟
出版者：誠邦企管顧問有限公司
　　　　網址：http://www.jacklee.com.tw/
　　　　地址：新北市新店區北新路一段89號5樓之3
　　　　聯絡地址：10542台北市民權東路3段142號705室
　　　　聯絡電話：(02) 2716-9963；0926-277-787
　　　　聯絡電郵：kslee.poet@gmail.com
印刷：映鈞彩色印刷有限公司
一版一刷：2021年12月1日
ISBN / 978-986-97486-4-3 (平裝)
定價：NT$300 (US$10)